A. Massenkeil, P. Panesar

Candle-Painting

Kerzen selbst gestalten

ENGLISCH VERLAG

Die Deutsche Bibliothek - CIP-Einheitsaufnahme
Candle-painting: Kerzen selbst gestalten / Angelika Massenkeil; Pammi Panesar. – Wiesbaden: Englisch, 2001
ISBN 3-8241-1135-7

ISBN 3-8241-1135-7

Fotos: Frank Schuppelius
Printed in Spain

Jugendstilmotive Nr. 1, 2, 3, 6 und 7 Motiventwurf Sandra und Sabine Arriens.

Inhaltsverzeichnis

Vorwort

Ob Sie einen Tisch für einen festlichen Anlass oder eine gemütlich Runde decken – eine schöne Kerze sollte immer dazu gestellt werden. Sie können jeder einfachen Haushaltskerze oder Stumpenkerze eine persönliche Note gegeben, indem Sie sie selbst verzieren. Mit dem Kerzen-Stift ist das ganz einfach. Der Kerzen-Stift enthält Flüssigwachs auf Wasserbasis und ist in der Handhabung ganz unproblematisch. Man kann mit dem Stift direkt auf die Kerze malen, oder – was noch einfacher ist – ein Motiv auf eine transparente Wachsplatte malen, nach dem Trocknen ausschneiden und auf die Kerze drücken. Sie finden viele unterschiedliche Mustervorschläge mit Vorlagen in diesem Titel zusammengestellt: ob jahreszeitlich ausgerichtet oder auf ganz besondere Feste oder Anlässe zugeschnitten, ob naturalistisch in der Wiedergabe oder zum Jugendstildekor stilisiert – Sie finden bestimmt Mustervorschläge, die Anreiz für das eigene Kerzengestalten sind!

Viel Freude und gutes Gelingen wünschen Ihnen

Ihre Angelika Massenkeil
& Pammi Panesar

Das Zubehör

- **Kerzenmalfarben**
  Kerzenmalfarben sind unter der Bezeichnung Candlepaint oder Kerzen-Pen im Hobbyfachhandel erhältlich. Die weichen Linerflaschen aus Kunststoff enthalten flüssiges Wachs auf Wasserbasis.
- **Kerzen-Malmedium**
- **Maldüsen**
  evtl. in verschiedenen Stärken, wir haben die Stärken 5 und 7 verwandt (0,5 bzw. 0,7 mm).
- **Transparente Wachsplatten**
  (auch unter der Bezeichnung transparentes Verzierwachs) erhalten Sie im Hobbyfachhandel in verschiedenen Größen; die einzelnen Platten sind durch beschichtetes Papier voneinander getrennt.

- **Kerzen in hellen Farben**
  eignen sich gut, da darauf nahezu alle Farben gut zur Geltung kommen; natürlich können aber auch bunte Kerzen verziert werden.
- **Haarpinsel Stärke 3**
- **Spongeschwamm**
- **Drehscheibe**
  im Hobbyfachhandel gibt es spezielle Maldrehscheiben; ein einfacher Drehteller (z.B. Käserondell) tut es auch.
- **Cutter oder scharfes spitzes Messer**

Grundanleitung für das Bemalen transparenter Wachsplatten

Bevor Sie mit dem Bemalen beginnen, reiben Sie die Wachsplatte zunächst mit einem fusselfreien Tuch ab, da das zwischen den Wachsplatten liegende Papier in der Regel Abdrücke hinterlässt, und entfernen Sie das untergelegte Papier.

Sie können zum Malen entweder direkt den Vorlagebogen unterlegen oder das Motiv zunächst vom Vorlagebogen kopieren.

Befestigen Sie hierfür die Motivvorlage mit einem Klebestreifen unter der transparenten Wachsplatte, damit beim Malen nichts verrutscht. So bilden Vorlage und Wachsplatte eine Einheit, die leicht und bequem in die günstigste Malposition gedreht werden kann, ohne dass die Vorlage sich verschiebt.

Schrauben Sie nun die Maldüse (Stärke 5 oder 7) auf den schwarzen Kerzen-Pen auf, und fahren Sie die Konturen nach. Da das Flüssigwachs in dem Kerzen-Pen tatsächlich sehr flüssig ist, braucht man nur ganz leicht auf den Pen zu drücken. Man sollte mit der Maldüse nicht zu fest über die Wachsplatte fahren, da das Wachs dabei aufgeraut wird. Auch sollte man die Maldüse nie gegen den Strich schieben. Die Stärke der Kontur ist abhängig von dem Durchmesser der aufgesetzten Maldüse. Soll die Kontur kräftig sein, verwenden Sie die Maldüse Stärke 7, soll sie feiner sein, schrauben Sie die Düse Stärke 5 auf. Kontrollieren sie während des Malens hin und wieder, ob die Düse noch fest aufsitzt.

Je nach der Stärke der Kontur beträgt die Trocknungszeit zwischen 30 Minuten und einer Stunde. Erst wenn die Konturen gut getrocknet sind, wird der Farbauftrag vorgenommen. Dazu gibt es zwei Möglichkeiten:

a) Der Farbauftrag wird direkt mit dem Kerzen-Pen vorgenommen:

Soll der Farbauftrag kräftig sein, gibt man einen kleinen Klecks des Flüssigwachses in die Mitte des Farbfeldes und verteilt ihn von dort mit der Spitze des Pens im gesamten Feld. Natürlich kann man immer wieder Farbe aus dem Pen nachdrücken, wenn es nicht reicht. Die Farbe muss bis an die Kontur gemalt werden.

b) Der Farbauftrag wird mit dem Pinsel vorgenommen:

Soll der Farbauftrag zarter sein, gibt man einen Klecks aus dem gewünschten Kerzen-Pen auf eine Palette, eine Untertasse oder einen geraden Deckel und fügt einen Tropfen des Kerzen-Pen-Malmediums hinzu. Flüssigwachs und Malmedium werden mit dem Pinsel kurz vermischt. Jetzt kann man die Farbe mit dem Haarpinsel Stärke 3 oder 4 gut auftragen und vermalen. Die Farbe muss bis an die Kontur herangemalt werden.

Die Farbe ist nach einigen Stunden trocken. Sie können dies an der matten Oberfläche erkennen. Das Bildmotiv kann nunmehr ausgeschnitten werden. Am einfachsten geht es mit einem Cutter. Ist die Kontur jedoch sehr zackig, sollte man entweder eine Prickelnadel (falls man eine zur Hand hat) oder eine stabile Stecknadel zu Hilfe nehmen. Allerdings sieht diese Form des Ausschneidens ein wenig fransig aus. Die Wachsplatte wird entlang der Kontur mit dem Werkzeug durchtrennt, vorsichtig aufgenommen und auf die Kerze gedrückt. Handwärme reicht aus, damit das Motiv haftet.

Uns hat es besonders gut gefallen, die ausgeschnittenen Wachsmotive nicht ganz und gar fest an die Kerze zu drücken, sondern einzelne Blätter oder Blüten abstehen zu lassen und noch ein wenig in Form zu biegen. Man erzielt durch diese Form des Arrangierens einen wunderschönen plastischen Effekt.

Anwendungsbeispiele

1. Stilisierte Tulpen

Material

- Kerzen-Pen in Schwarz, Gelb, Orange, Grün und Braun
- transparente Wachsplatte
- ovale Kerze

Anleitung

Befestigen Sie die Vorlage unter der transparenten Wachsplatte, setzen Sie die Maldüse Stärke 5 auf den schwarzen Kerzen-Pen, und zeichnen Sie damit die Konturen auf die Wachsplatte. Sind die Konturen trocken, werden die Farbflächen direkt mit der Spitze des Pens ausgemalt. Wenn das Wachs getrocknet ist, kann das Bild vorsichtig mit dem Cutter ausgeschnitten und wie oben beschrieben auf der Kerze befestigt werden.

2. Zwei Tulpen

Material

- Kerzen-Pen in Schwarz, Orange und Grün
- transparente Wachsplatte
- hohe eckige Kerze

Anleitung

Befestigen Sie die Vorlage unter der transparenten Wachsplatte, setzen Sie die Maldüse Stärke 5 auf den schwarzen Kerzen-Pen, und zeichnen Sie damit die Konturen auf die Wachsplatte. Sind die Konturen trocken, werden die Farbflächen direkt mit der Spitze des Pens in Orange und Grün ausgemalt. Ist das Wachs trocken, kann das Bild vorsichtig mit dem Cutter ausgeschnitten und auf die Kerze drapiert werden.

3. Jugendstiltulpen

Material
- Kerzen-Pen in Schwarz, Blau, Weiß und Hell- und Dunkelgrün
- transparente Wachsplatte
- hohe Rundkerze

Anleitung
Nachdem Sie die Motivvorlage unter der Wachsplatte befestigt haben, setzen Sie die Maldüse Stärke 5 auf den schwarzen Kerzen-Pen und übertragen damit die Konturen auf die Wachsplatte. Die Farbflächen werden dann nach dem Trocknen der Konturen direkt mit der Spitze des Pens in den oben angegebenen Farben ausgemalt. Wenn das Wachs durchgetrocknet ist, kann das Bild vorsichtig mit dem Cutter ausgeschnitten werden. Die Handwärme reicht dann aus, um das Wachsmotiv auf dem Kerzenuntergrund zu befestigen.

4. Trichterwinde

Material
- Kerzen-Pen in Schwarz, Blau, Braun und Hellgrün
- transparente Wachsplatte
- halbhohe Rundkerze

Anleitung
Nachdem Sie die Motivvorlage unter der Wachsplatte befestigt haben, setzen Sie die Maldüse Stärke 5 auf den schwarzen Kerzen-Pen und übertragen damit die Konturen auf die Wachsplatte. Die Farbflächen werden nach dem Trocknen der Konturen direkt mit der Spitze des Pens in Grün und Blau aufgetragen. Wenn das Wachs durchgetrocknet ist, kann das Motiv vorsichtig ausgeschnitten werden. Anschließend lassen Sie die Ranke dekorativ rund um Ihre Kerze laufen.

5. Osterkerzen

Material
- Kerzen-Pen in Schwarz, Weiß, Haut, Gelb, Rot und Hell- und Dunkelgrün
- transparente Wachsplatte
- Eierkerzen in Natur, Hellgelb und Gelb

Anleitung
Befestigen Sie die Vorlage unter der transparenten Wachsplatte, setzen Sie die Maldüse Stärke 5 auf den schwarzen Kerzen-Pen, und zeichnen Sie damit die Konturen auf die Wachsplatte. Sind die Konturen trocken, werden die Farbflächen direkt mit der Spitze des Pens ausgemalt. Ist das Motiv trocken, kann es vorsichtig mit dem Cutter ausgeschnitten werden.

6. Maiglöckchen

Material

- Kerzen-Pen in Schwarz, Weiß, Hellblau und Hell- und Dunkelgrün
- transparente Wachsplatte
- hohe Rundkerze, eckige Kerze

Anleitung

Nachdem Sie die Motivvorlage unter der Wachsplatte befestigt haben, setzen Sie die Maldüse Stärke 5 auf den schwarzen Kerzen-Pen und zeichnen damit die Konturen der Blumenmotive auf die Wachsplatte. Sind die Konturen trocken, werden die Farbflächen mit dem Pinsel gemalt und die Blumen direkt mit der Spitze des Pens ausgemalt. Ist das Wachs trocken, kann das Bild vorsichtig mit dem Cutter ausgeschnitten werden. Bei den vielen Ecken kann man zusätzlich die Prickelnadel oder eine dicke Stecknadel zu Hilfe nehmen.

7. Mohnranke

Material
- Kerzen-Pen in Schwarz, Rot, Hell- und Dunkelgrün
- transparente Wachsplatte
- eckige Kerze

Anleitung
Beginnen Sie damit, die Vorlage unter Ihrer transparenten Wachsplatte zu befestigen, und setzen Sie die Maldüse Stärke 5 auf den schwarzen Kerzen-Pen. Zeichnen Sie nun die Konturen der Mohnblüte auf die Wachsplatte. Sind diese Konturen trocken, werden die Farbflächen direkt mit der Spitze des Pens in Rot und Grün ausgemalt. Mit dem Cutter oder der Prickelnadel kann das Motiv nach dem Trocknen aus der Platte herausgetrennt und auf die Kerze drapiert werden.

8. Fantasieblume in Rot

Material
- Kerzen-Pen in Schwarz, Rot und Hellgrün
- transparente Wachsplatte
- hohe Rundkerze

Anleitung
Befestigen Sie die Vorlage unter der transparenten Wachsplatte, setzen Sie die Maldüse Stärke 5 auf den schwarzen Kerzen-Pen, und zeichnen Sie damit die Konturen auf die Wachsplatte. Sind die Konturen trocken, werden die Farbflächen direkt mit der Spitze des Pens ausgemalt. Ist das Wachs trocken, kann das Bild vorsichtig mit dem Cutter ausgeschnitten werden. Bei den zahlreichen filigranen Ausarbeitungen nehmen Sie die Prickelnadel oder eine dicke Stecknadel zu Hilfe.

9. Libelle

Material

- Kerzen-Pen in Schwarz, Hell- und Dunkelgrün, Hell- und Dunkelblau und Braun
- transparente Wachsplatte
- kleine Pyramidenkerze

Anleitung

Nicht nur Blumenmotive, sondern auch figürliche Vorlagen bilden reizvolle Objekte für die dekorative Ausgestaltung von Kerzen. Bei der Libellenform bietet sich darüber hinaus eine plastische Ausarbeitung der Motivform dergestalt an, dass die Flügel nicht vollständig auf der Kerzenunterlage befestigt, sondern vielmehr nur teilweise aufgeklebt werden und teilweise über die Kerze hinausragen. Legen Sie die Vorlage unter die transparente Wachsplatte, setzen Sie die Maldüse Stärke 5 auf den schwarzen Kerzen-Pen, und zeichnen Sie damit die Konturen der Libelle auf die Wachsplatte. Sind die Konturen trocken, werden die Farbflächen direkt mit der Spitze des Pens in den oben angegebenen Farben ausgemalt. Wenn Ihr Wachsmotiv trocken ist, kann die Libelle vorsichtig mit dem Cutter oder der Prickelnadel ausgeschnitten werden.

10. Schmetterlinge

Material

- Kerzen-Pen in Schwarz, Rot, Gelb, Violett, Orange und Braun
- transparente Wachsplatte
- hohe Pyramidenkerze

Anleitung

Beginnen Sie damit, die Vorlage unter Ihrer transparenten Wachsplatte zu befestigen, und setzen Sie die Maldüse Stärke 5 auf den schwarzen Kerzen-Pen. Zeichnen Sie nun jeweils die Konturen der Schmetterlinge auf die Wachsplatte. Sind diese Konturen trocken, werden die Farbflächen direkt mit der Spitze des Pens ausgemalt. Mit dem Cutter oder der Prickelnadel können die Motive nach dem Trocknen aus der Platte herausgetrennt und auf der Kerze befestigt werden. Übrigens lassen sich diese Motive problemlos abtrennen und auf andere Kerzen übertragen.

11. Küstenmotiv

Material

- Kerzen-Pen in Schwarz, Rot, Weiß und Mittel- und Dunkelblau
- Malmedium
- transparente Wachsplatte
- Rundkerze
- Kerzenschale für draußen

Anleitung

Auf die große Kerze mit den Segelbooten wird zunächst direkt mit verdünnter blauer und weißer Farbe das Wasser gemalt. Geben Sie dazu kleine Farbkleckse aus dem Pen auf eine Untertasse oder Palette, und hellen Sie diese mit dem Malmedium (Verdünner) auf. Die verdünnte Farbe wird nun mit dem Pinsel direkt auf die Kerze aufgetragen. Danach werden die Motive direkt auf die flache Kerze gemalt, indem man die Konturen mit dem schwarzen Pen vorzeichnet, diese trocknen lässt und anschließend den Farbauftrag direkt mit den farbigen Kerzenstiften vornimmt. Für den Leuchtturm überträgt man die Konturen mit dem schwarzen Kerzen-Pen auf die Kerze, lässt die Konturen trocknen und malt anschließend das Motiv entsprechend der Abbildung farbig aus. Nach dem Trocknen der Wachsfarben lässt sich die Vorlage einfach ausschneiden und auf die Kerze drücken. Der blaue Seevogel wird direkt auf die Kerze gemalt.

12. Meeresmotiv

Material
- Kerzen-Pen in Schwarz, Rot, Gelb, Weiß und Hellblau
- Malmedium
- transparente Wachsplatte
- Kerzenschale für draußen
- Schwimmkerzen

Anleitung
Auf die große Kerze mit den Delphinen wird zunächst direkt mit verdünnter blauer und weißer Farbe das Wasser gemalt. Geben Sie dazu kleine Farbkleckse aus dem Pen auf eine Untertasse oder Palette, und hellen Sie diese mit dem Malmedium (Verdünner) auf. Die verdünnte Farbe wird nun mit dem Pinsel direkt auf die Kerze aufgetragen. Für den Sonnenuntergang verwenden Sie stark verdünntes Rot vermischt mit Gelb. Danach werden die Motive direkt auf die flache Kerze gemalt, indem man die Konturen mit dem schwarzen Pen vorzeichnet, diese trocknen lässt und anschließend den Farbauftrag in Blau direkt mit dem Kerzenstift vornimmt. Verwenden Sie für die feinen Konturen eine Maldüse Stärke 5.

Die Wellen und die Möwen werden mit dem weißen Kerzen-Pen direkt auf die Schwimmkerzen gemalt.

13. Margeritenschwimmkerzen

Material

- Kerzen-Pen in Schwarz, Rot, Gelb, Weiß und Grün
- transparente Wachsplatte
- Schwimmkerzen

Anleitung

Befestigen Sie die Vorlage unter der transparenten Wachsplatte, setzen Sie die Maldüse Stärke 5 auf den schwarzen Kerzen-Pen, und zeichnen Sie damit die Konturen auf die Wachsplatte. Sind die Konturen trocken, werden die Farbflächen direkt mit der Spitze des Pens ausgemalt. Ist das Wachs trocken, kann das Bild vorsichtig mit dem Cutter ausgeschnitten werden.

Nun wird in die Mitte der Blüte ein kleines Loch gebohrt, und die Blüte wird über den Docht der Schwimmkerze gestülpt. Anschließend zieht man die Blütenblätter in Form und biegt sie leicht hoch. Die grünen Blätter können einzeln gemalt und auf der Schwimmkerze platziert werden.

Auch die Marienkäfer können einzeln gemalt und anschließend an beliebiger Stelle dekorativ angedrückt werden.

14. Seerosenschwimmkerzen

Material

- Kerzen-Pen in Schwarz, Grün, Rosa, Pink, Gelb, Mittel- und Hellblau
- transparente Wachsplatte
- Schwimmkerzen

Anleitung

Befestigen Sie die Vorlage unter der transparenten Wachsplatte, setzen Sie die Maldüse Stärke 5 auf den schwarzen Kerzen-Pen, und zeichnen Sie damit die Konturen auf die Wachsplatte. Sind die Konturen trocken, werden die Farbflächen direkt mit der Spitze des Pens ausgemalt. Ist das Wachs trocken, können die beiden Blütenlagen vorsichtig mit dem Cutter ausgeschnitten werden. Jetzt wird ein grünes Blatt auf die Kerze gedrückt. Dann wird in die Mitte jeder Lage ein kleines Loch gebohrt, die größere Blüte wird nun über den Docht der Schwimmkerze gestülpt. Darauf setzen Sie die kleinere Blüte. Die Blütenblätter werden in Form gezogen und leicht hochgebogen. Die kleine Libelle wird vorsichtig auf die Blüte gesetzt.

Für eine abgewandelte Form finden Sie die Vorlage für ein komplettes Seerosenmotiv. Dieses können Sie, mit einem Loch versehen, als ganze Blüte direkt über die Schwimmkerze stülpen. Biegen Sie auch bei dieser Blüte die Blätter dekorativ in Form.

15. Sonnenblumen

Material

- Kerzen-Pen in Schwarz, Grün, Gelb, Braun und Rot
- transparente Wachsplatte
- große Teelichter

Anleitung

Befestigen Sie dic Vorlagc unter der transparenten Wachsplatte, setzen Sie die Maldüse Stärke 5 auf den schwarzen Kerzen-Pen, und zeichnen Sie damit die Konturen auf die Wachsplatte. Sind die Konturen trocken, werden die Farbflächen direkt mit der Spitze des Pens ausgemalt. Ist das Wachs trocken, kann das Motiv vorsichtig mit dem Cutter ausgeschnitten werden.
Nun wird in die Mitte der Blüte ein kleines Loch gebohrt, und die Blüte wird über den Docht der Kerze gestülpt. Anschließend zieht man die Blütenblätter dekorativ in Form und biegt sie leicht nach oben. Die Blätter und kleinen Marienkäfer können einzeln gemalt und auf der Kerze platziert werden.

16. Kürbisse

Material

- Kerzen-Pen in Schwarz, Orange, Haut, Weiß, Hell- und Dunkelgrün, Gelb, Rot und Braun
- transparente Wachsplatte
- ovale Kerze

Anleitung

Befestigen Sie die Vorlage unter der transparenten Wachsplatte, setzen Sie die Maldüse Stärke 5 auf den schwarzen Kerzen-Pen, und zeichnen Sie damit die Konturen auf die Wachsplatte. Sind die Konturen trocken, werden die Farbflächen direkt mit der Spitze des Pens in den Farben, wie abgebildet, ausgemalt. Ist das Wachs trocken, kann das Bild vorsichtig mit dem Cutter ausgeschnitten werden. Bei den vielen Ecken nehmen Sie die Prickelnadel oder eine dicke Stecknadel zu Hilfe. Alternativ kann man das Motiv natürlich auch als ganzes Bild direkt auf die Kerze malen und nach dem Trocknen der Konturen die Farbflächen auf der Kerze farbig ausmalen.

17. Blätterranke

Material
- Kerzen-Pen in Schwarz, Gelb und Orange
- transparente Wachsplatte
- hohe eckige Kerzen

Anleitung
Befestigen Sie die Vorlage unter der transparenten Wachsplatte, setzen Sie die Maldüse Stärke 5 auf den schwarzen Kerzen-Pen, und zeichnen Sie damit die Konturen auf die Wachsplatte. Wenn die Konturen trocken sind, können die Farbflächen direkt mit der Spitze des Pens ausgemalt werden, und zwar in Gelb für die orangefarbene Kerze und in Orange für das gelbe Pendant. Wenn die Wachsfarben trocken sind, werden die Ranken vorsichtig mit dem Cutter ausgeschnitten und auf die Kerzen gedrückt. Alternativ kann man das Rankenmotiv natürlich auch als ganze Bordüre direkt auf die Kerze malen und nach dem Trocknen der Konturen die Farbflächen auf der Kerze farbig ausmalen.

18. Weintrauben

Material

- Kerzen-Pen in Schwarz, Violett, Braun, Weiß und Hellgrün
- transparente Wachsplatte
- ovale Kerzenform

Anleitung

Befestigen Sie die Vorlage unter der transparenten Wachsplatte, setzen Sie die Maldüse Stärke 5 auf den schwarzen Kerzen-Pen, und zeichnen Sie damit die Konturen auf die Wachsplatte. Sind die Konturen trocken, werden die Farbflächen direkt mit der Spitze des Pens in den Farben, wie abgebildet, ausgemalt. Auf die Trauben werden Lichtpunkte mit dem weißen Pen angedeutet – dies erhöht den plastischen Eindruck der Früchte. Wenn die Wachsfarben trocken sind, kann man das Motiv vorsichtig mit dem Cutter ausschneiden. Bei den vielen Ecken nehmen Sie die Prickelnadel oder eine dicke Stecknadel zu Hilfe. Platzieren Sie Ihr Traubenmotiv so auf der Kerze, das ein Motivteil dekorativ übersteht.

19. Halloween

Material

- Kerzen-Pen in Schwarz, Orange, Braun, Weiß und Dunkelgrün
- transparente Wachsplatte
- verschiedene Kerzenformen

Anleitung

Befestigen Sie die Vorlage unter der transparenten Wachsplatte, setzen Sie die Maldüse Stärke 5 auf den schwarzen Kerzen-Pen, und zeichnen Sie damit die Konturen der verschiedenen Motive auf die Wachsplatte. Sind die Konturen trocken, werden die Farbflächen direkt mit der Spitze des Pens in den Farben, wie abgebildet, ausgemalt. Wenn die Motive trocken sind, können die Bilder vorsichtig mit dem Cutter ausgeschnitten werden. Nach dem Ausschneiden der Blätter und des separaten Rechtecks für den Stiel, der ohne Konturen nur grün gemalt wird, werden die Blätter in Form gebogen, rund um den Docht gelegt und festgedrückt. Das grüne Rechteck für den Stiel wird um den Docht herum gedrückt, der Docht wird also darin eingewickelt.

Platzieren Sie das Katzenmotiv so auf der Kerze, dass ein Motivteil dekorativ übersteht.

20. Weihnachtskerzen

Material
- Kerzen-Pen in Silber und Gold
- transparente Wachsplatte
- hohe Pyramidenkerzen, hohe eckige Kerze

Anleitung
Befestigen Sie die Vorlage unter der transparenten Wachsplatte, setzen Sie die Maldüse Stärke 5 auf den goldfarbenen Kerzen-Pen, und zeichnen Sie damit die Konturen der Sterne auf die Wachsplatte. Sind die Konturen trocken, werden die Farbflächen direkt mit der Spitze des Pens ausgemalt. Wenn die Wachsfarbe trocken ist, kann man die Sterne vorsichtig mit dem Cutter ausschneiden. Platzieren Sie den großen Stern so auf der Kerze, dass Teile des Motivs dekorativ überstehen. Für die beiden anderen Motivkerzen benötigen Sie lediglich den Kerzen-Pen in Gold und Silber, denn Sie tragen die goldenen Ornamente und das schrägverlaufende Pünktchenmuster in Silber und Gold direkt mit dem Kerzen-Pen auf die Kerze auf.

21. Adventskerzen

Material

- Kerzen-Pen in Schwarz, Grau, Rot, Orange, Grün und Braun
- transparente Wachsplatte
- vier Rundkerzen, 25 cm hoch

Anleitung

Auf dem Vorlagebogen sind alle vier Mäuse um eine Zuckerstange gruppiert. Sie können das Motiv so auf eine große Kerze übernehmen, oder aber, wie wir es gemacht haben, die Mäuse entsprechend der Adventssonntage einzeln an eine Zuckerstange malen und somit vier Adventskerzen gestalten.

Befestigen Sie die Vorlage unter der transparenten Wachsplatte, setzen Sie die Maldüse Stärke 5 auf den schwarzen Kerzen-Pen, und zeichnen Sie damit die Konturen auf die Wachsplatte. Sind die Konturen trocken, werden die Farbflächen direkt mit der Spitze des Pens ausgemalt. Wenn die Wachsmotive durchgetrocknet sind, können die Bilder vorsichtig mit dem Cutter ausgeschnitten werden. Befestigen Sie die Mäuse so auf den Kerzen, dass kleine Motivteile dekorativ überstehen.

22. Santa Claus

Material

- Kerzen-Pen in Schwarz, Gold, Rot, Braun, Weiß, Grün, Haut und Blau
- transparente Wachsplatte
- große Viereckkerze

Anleitung

Je nach Größe der Kerze kann man die Anzahl der Rentiere im Schlittengespann variieren.

Befestigen Sie die Vorlage unter der transparenten Wachsplatte, setzen Sie die Maldüse Stärke 5 auf den schwarzen Kerzen-Pen, und zeichnen Sie damit die Konturen auf die Wachsplatte. Wenn die schwarze Motivkontur trocken ist, werden die Farbflächen direkt mit der Spitze des Pens in den abgebildeten Farben ausgemalt. Mit Gold lassen sich zusätzlich Akzente setzen. Die kleinen goldenen Sterne werden direkt auf die Kerze gemalt. Nach dem Trocknen können die Motivteile vorsichtig mit dem Cutter ausgeschnitten und auf der Kerze, wie abgebildet, platziert werden.

23. Merry Christmas

Material

- Kerzen-Pen in Schwarz, Rot, Orange, Gelb, Grün, Violett und Blau
- transparente Wachsplatte
- große ovale Kerze

Anleitung

Befestigen Sie die Vorlage unter der transparenten Wachsplatte, setzen Sie die Maldüse Stärke 5 auf den schwarzen Kerzen-Pen, und zeichnen Sie damit die Konturen der Buchstaben und der Ilexzweige auf die Wachsplatte. Sind die Konturen trocken, werden die Farbflächen direkt mit der Spitze des Pens ausgemalt. Sobald das Wachs trocken ist, schneiden Sie die Buchstaben und die kleinen Ilexdekorationen vorsichtig mit dem Cutter aus und platzieren sie auf der Kerze.

24. Art déco

Material
- Kerzen-Pen in Schwarz, Rot, Orange und Haut
- transparente Wachsplatte
- kleine Pyramidenkerze
- mittelhohe Rundkerze

Anleitung

Nicht nur Blumenmotive und figürliche Vorlagen, sondern auch farbenfrohe Ornamente und Bordüren bilden reizvolle Motive für die dekorative Ausgestaltung von Kerzen. Bei dem abgebildeten Motivvorschlag kommt zudem die Farbkombination der verschiedenen Rottöne zusammen mit dem orangefarbenen Motivuntergrund zum Tragen. Legen Sie die Vorlage unter die transparente Wachsplatte, setzen Sie die Maldüse Stärke 5 auf den schwarzen Kerzen-Pen, und zeichnen Sie damit die Rundbordüre und die kleinen Einzelornamente nach. Lassen Sie die schwarze Konturenfarbe trocknen, und malen Sie die Farbflächen wie abgebildet aus.

25. Just Married

Material
- Kerzen-Pen in Schwarz und Rot
- Kugelkerze

Anleitung
Setzen Sie die Maldüse Stärke 5 auf den roten Kerzen-Pen, und malen Sie die roten Herzen direkt auf die Kerze. Wenn die Herzmotive trocken sind, schreiben Sie den Schriftzug „Just married“ mit dem schwarzen Kerzen-Pen mehrmals auf die Kerze. Verwenden Sie hierfür gleichfalls die Maldüse Stärke 5.

26. Happy Birthday

Material

- Kerzen-Pen in Schwarz, Rot, Orange, Grün, Gelb, Violett, Blau, Weiß und Haut
- transparente Wachsplatte
- mittelhohe Rundkerze

Anleitung

Befestigen Sie die Vorlage unter der transparenten Wachsplatte, setzen Sie die Maldüse Stärke 5 auf den schwarzen Kerzen-Pen, und zeichnen Sie damit die Konturen des Motivs auf die Wachsplatte. Sind die Konturen trocken, werden die Farbflächen direkt mit der Spitze des Pens ausgemalt. Sobald das Wachs trocken ist, schneiden Sie den kleinen Clown mit seinen Luftballons vorsichtig mit dem Cutter aus und platzieren ihn auf der Kerze. Mit dem schwarzen Konturenstift werden abschließend die Schnüre der Ballons aufgemalt.

ENGLISCH VERLAG

kreativ

ISBN 3-8241-1061-X
Broschur, 32 S., 2 Vorlageb.

ISBN 3-8241-1020-2
Broschur, 32 S., 2 Vorlageb.

ISBN 3-8241-1070-9
Broschur, 32 S., 2 Vorlageb.

ISBN 3-8241-1029-6
Broschur, 32 S., 2 Vorlageb.

ISBN 3-8241-1062-8
Broschur, 32 S., 2 Vorlageb.

ISBN 3-8241-1085-7
Broschur, 32 S., 2 Vorlageb.

Lust auf Mehr?

Liebe Leserin, lieber Leser,
natürlich haben wir noch viele andere Bücher im Programm.
Gerne senden wir Ihnen unser Gesamtverzeichnis zu.
Auch auf Ihre Anregungen und Vorschläge sind wir gespannt.
Rufen Sie uns einfach an oder schreiben Sie uns.

Englisch Verlag GmbH
Postfach 2309 · 65013 Wiesbaden
Telefon 06 11/9 42 72-0 · Telefax 06 11/9 42 72 30
E-Mail info@englisch-verlag.de
Internet http://www.englisch-verlag.de